BEI GRIN MACHT SICH IHR WISSEN BEZAHLT

Betriebliches Gesundheitsmanagement. Erstellung eines Interventionskonzeptes für ein Musterunternehmen

Felicia Ripsam

Bibliografische Information der Deutschen Nationalbibliothek:

Die Deutsche Nationalbibliothek verzeichnet diese Publikation in der Deutschen Nationalbibliografie; detaillierte bibliografische Daten sind im Internet über http://dnb.d-nb.de abrufbar.

ISBN: 9783346314963
Dieses Buch ist auch als E-Book erhältlich.

Druck und Bindung: Books on Demand GmbH, Norderstedt Germany
Gedruckt auf säurefreiem Papier aus verantwortungsvollen Quellen

Das vorliegende Werk wurde sorgfältig erarbeitet. Dennoch übernehmen Autoren und Verlag für die Richtigkeit von Angaben, Hinweisen, Links und Ratschlägen sowie eventuelle Druckfehler keine Haftung.

Das Buch bei GRIN: https://www.grin.com/document/965868

Deutsche Hochschule für
Prävention und Gesundheitsmanagement
Hermann Neuberger Sportschule 3
66123 Saarbrücken

Name, Vorname:	Ripsam, Felicia
Modul:	Betriebliches Gesundheitsmanagement II
Studiengang:	Prävention und Gesundheitsmanagement
Datum Präsenzphase:	10.08. – 12.08.2020
Studienort:	Saarbrücken
Aufgabe:	Erstellung eines Interventionskonzeptes für das Unternehmen Muster GmbH

Inhaltsverzeichnis

1 Zusammenfassung der Analyseergebnisse

1.1 Betriebliche und gesundheitliche Ausgangssituation

Die Stadtverwaltung Wubberberg liegt in der Region Oberfranken und zählt insgesamt 4.928 Beschäftigte, die sich auf die Kernverwaltung mit 3.601 Mitarbeitern und die vier Eigenbetriebe mit 1.327 Mitarbeitern aufteilen. Insgesamt gliedert sich die Verwaltung in sechs Dezernate:

- Dezernat Bürgermeister
- Dezernat 1 Inneres/ Finanzen
- Dezernat 2 Schule/ Bürger/ Kultur
- Dezernat 3 Umwelt/ Klimaschutz
- Dezernat 4 Wirtschaft/ Stadtentwicklung/ Mobilität
- Dezernat 5 Soziales

Das Durchschnittsalter der Stadtverwaltung beträgt 46,9 Jahre und gliedert sich wie folgt auf:

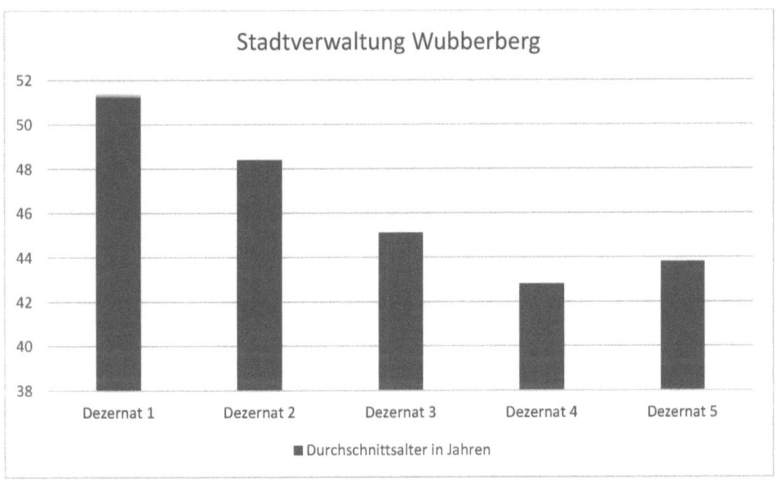

Abb. 1: Durchschnittsalter der Dezernate in Jahren (eigene Darstellung)

3

Wie in der Tabelle zu erkennen ist, liegt besonders im Dezernat 1 und 2 eine Überalterung vor, mit einem Durchschnittsalter von jeweils 51 und 48 Jahren. In diesen beiden Dezernaten sind darüber hinaus auch die Krankenstände (Dezernat 1: 11,8%, Dezernat 2: 14,1%) und BEM-Fälle besonders hoch. Insgesamt liegt der Krankenstand für die Stadtverwaltung Wubberberg im letzten Jahr bei 9,7% und im vorletzten Jahr bei 9,4%. Im Vergleich zum bundesweiten Durchschnitt, der im Jahr 2018 bei 3,2% lag, ist der Krankenstand für die Stadtverwaltung Wubberberg als hoch einzuschätzen (Techniker Krankenkasse, 2019). Die BEM-Fälle sind im letzten Jahr auf 365 gestiegen und damit 24 Fälle mehr als im Vorjahr (341 Fälle). Auch die Unfälle je 1.000 Beschäftigte sind im Vergleich zum vorherigen Jahr von 10,5 auf 13,7 gestiegen. Die Fluktuationsquote mit 3,1% ist im Vergleich zu der Fluktuation in der öffentlichen Verwaltung (13%) sehr gering (Haufe, 2018). Aufgrund der Überalterung, der hohen Krankenstände und BEM-Fälle sowie gleichzeitig aufgrund des Fachkräftemangels vor allem in Dezernat 4, prüft die Kernverwaltung die Einführung eines BGM. Darüber hinaus klagen die Beschäftigten hinsichtlich zunehmender Aufgabenbereiche über verstärkt psychische Belastungen. Auch die Gebäudebereiche der Stadtverwaltung sind sehr marode, weshalb Teile der Belegschaft in Ersatzgebäude verlegt wurden. Dort gibt es leider eine hohe Lärmbelastung sowie fehlende ergonomische Lösungen.

1.2 Ergebnisse der Mitarbeiterbefragung

Die Mitarbeiterbefragung wurde in der gesamten Stadtverwaltung (in der Kernverwaltung sowie in allen Dezernaten) durchgeführt, woraus folgende Ergebnissen resultieren:

Allgemeines Gesundheitsbefinden:

Die meisten der Befragten beurteilen ihren Gesundheitszustand als „zufriedenstellend" (31%) sowie als „weniger gut" (28%). 19% schätzen ihren Gesundheitszustand als „gut" ein. Die Beurteilung „sehr gut" sowie „schlecht" gaben jeweils 10% der Beschäftigten an. Somit beurteilen 38% der Beschäftigten ihren Gesundheitszustand als „weniger gut" oder sogar „schlecht", während nur 29% ihren Gesundheitszustand als „gut" oder „sehr gut" einschätzen.

Allgemeine Zufriedenheit:

28% der Befragten wählten „teils-teils" bei der Frage „Wie zufrieden sind Sie mit Ihrer Arbeit allgemein?" aus. 37% gaben an ziemlich unzufrieden, sehr unzufrieden oder außerordentlich unzufrieden zu sein. Demgegenüber gaben 35% an, ziemlich zufrieden, sehr zufrieden oder außerordentlich zufrieden zu sein. Auch hier überwiegt der Anteil der Befragten, die mit ihrer Arbeit unzufrieden sind. Allgemein sind nur 45% der Beschäftigten mit ihrer Arbeit zufrieden. Das Dezernat 4 hat mit 61% die höchste Zufriedenheitsquote, gefolgt von Dezernat 3 mit 52% und Dezernat 5 mit 47%. In den Dezernaten 1 und 2 wird die allgemeine Zufriedenheit mit nur jeweils 31% und 27% angegeben. Die Hans-Böckler-Stiftung hat in einem Arbeitspapier aus dem Jahr 2013 einen Überblick zum Forschungsstand und Forschungsbedarf zu den Arbeitsbedingungen und Belastungen im öffentlichen Dienst veröffentlicht: Auch hier wurde eine erhebliche Unzufriedenheiten der Beschäftigten mit ihren Arbeitsbedingungen festgestellt. Unzufriedenheit ist eine wesentliche Belastungsquelle und führt zur Beeinträchtigung der Arbeitsfähigkeit (Hans-Böckler-Stiftung, 2013, S. 90-93).

Belastungen:

Die meisten Belastungen am Arbeitsplatz entstehen durch zu große Arbeitsmengen, gefolgt von ständigem Sitzen. Auch Umgebungsbelastungen wie Lärm oder unzureichende Beleuchtung sowie eine schlechte Zusammenarbeit zwischen den Dezernaten haben einen negativen Einfluss auf die Arbeitsqualität.

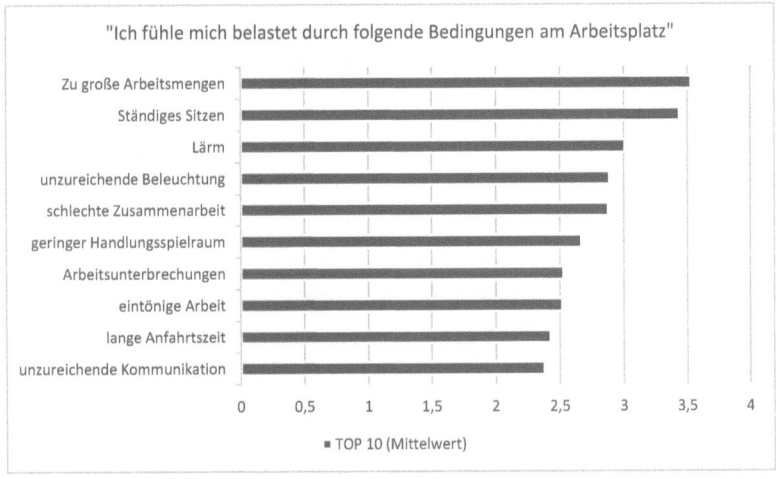

Abb.2: Belastungen am Arbeitsplatz: Skala von 0 (überhaupt nicht) bis 4 (stark) (eigene Darstellung)

Arbeitsfähigkeit:

Der WAI-Index der Mitarbeiterbefragung beträgt 31, dies bedeutet, dass die Arbeitsfähigkeit allgemein als mäßig einzustufen ist. Das Ziel aller Maßnahmen sollte dementsprechend sein, die Arbeitsfähigkeit zu verbessern.

Unterstützung von Kollegen oder Vorgesetzten:

Allgemein lässt sich sagen, dass die Unterstützung von Kollegen und Vorgesetzten im Dezernat 4 mit Abstand am höchsten ist. Danach folgt Dezernat 5 und Dezernat 3. Die Dezernate 1 und 2 haben ein hohes Optimierungspotential, was die Unterstützung von Vorgesetzten anbelangt.

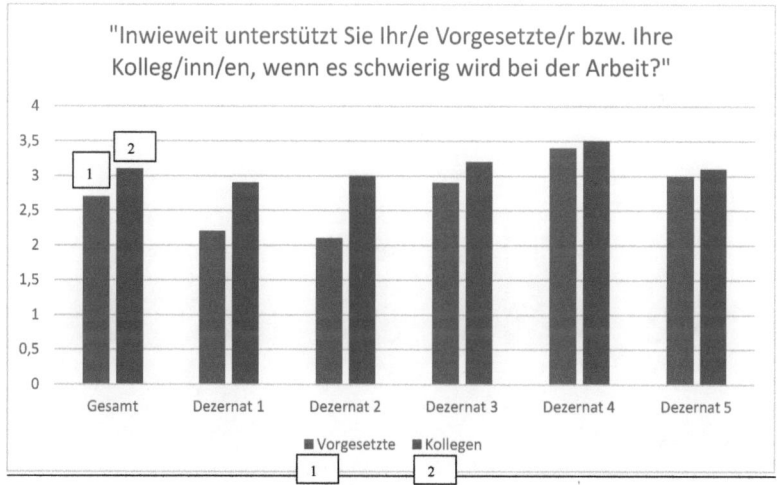

Abb. 3: Unterstützung von Vorgesetzten oder Kollegen: Skala von 0 (keine) bis 4 (sehr viel) (eigene Darstellung)

1.3 Gefährdungsbeurteilung nach Nohl

Neben der Mitarbeiterbefragung wurde auch eine Gefährdungsbeurteilung nach Nohl in der Stadtverwaltung Wubberberg durchgeführt. Anhand der Arbeitsplatzanalyse wurde diese präventiv ausgerichtete Gefährdungsbeurteilung vollzogen. Der durchschnittliche Nohl-Wert der Stadtverwaltung Wubberberg beträgt 2,6 was bedeutet, dass das Risiko von Verletzungen am Arbeitsplatz signifikant ist und somit unbedingt eine Reduzierung des Risikos erforderlich ist. Mit einem Nohl-Wert von 3,1 und 2,9 haben die Dezernate 2

6

und 3 das höchste Sicherheits- und Gesundheitsrisiko der Stadt Wubberberg. Beide De-
zernate haben mit denselben Problemen wie Lärm, Zugluft, Beleuchtung sowie physische
Belastungen durch Zwangshaltung zu kämpfen. Anschließend folgt das Dezernat 1 mit
einem Nohl-Wert von 2,4 welches neben der Lärmbelästigung und der unzureichenden
Beleutung zusätzlich mit fehlenden ergonomischen Lösungen (keine höhenverstellbare
Schreibtische und unzureichende Raumgrößen) zu kämpfen hat. Abschließend folgt das
Dezernat 4 mit einem Nohl-Wert von 2,1 und das Dezernat 5 mit einem Nohl-Wert von
1,9. Bei diesen beiden Dezernaten ist das Sicherheits- und Gesundheitsrisiko gering und
damit akzeptabel.

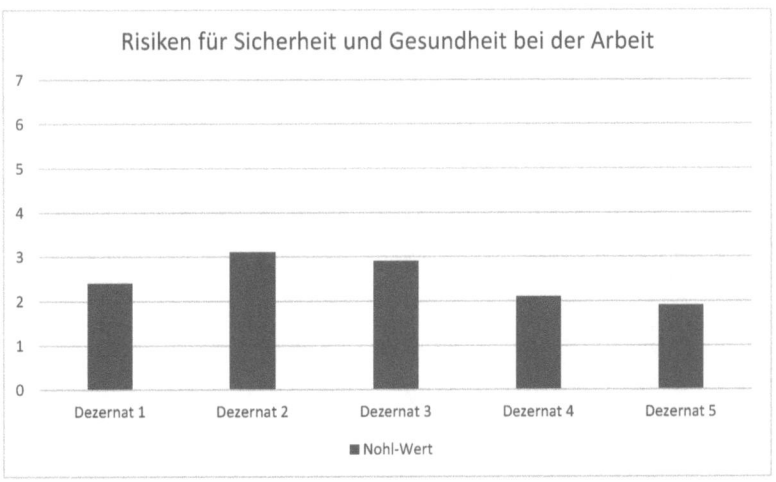

Abb. 4: Arbeitsplatzanalyse im Rahmen der Gefährdungsbeurteilung nach Nohl

1.4 Fazit

Die unterschiedlichen Analysen zeigen die Problematiken in der Stadtverwaltung Wubberberg sowie deren Folgen auf. Der hohe Altersdurchschnitt vorallem in Dezernat 1 und
2 resultiert in hohe Krankenfälle, BEM-Fälle sowie einen Anstieg des Unfallgeschehens.
Die BEM-Fälle sind im Vergleich zum Vorjahr auf 365 gestiegen, was bedeutet, dass es
sogar einen BEM-Fall pro Tag gegeben hat. Darüber hinaus klagen die Beschäftigten
hinsichtlich zunehmender Aufgabenbereiche weiterhin über verstärkt psychische Belastungen. Die Ergebnisse der Mitarbeiterbefragung haben gezeigt, dass 69% ihren Gesundheitszustand allgemein als zufriedenstellend bis schlecht empfinden, während nur 29%

7

ihren Gesundheitszustand als gut oder sehr gut empfinden. Darüber hinaus sind nur 45% der Beschäftigten mit ihrer Arbeit zufrieden. In den Dezernaten 1 und 2 wird die allgemeine Zufriedenheit sogar mit nur jeweils 31% und 27% angegeben. Zu den Top Belastungsquellen zählen eine zu große Arbeitsmenge, ständiges Sitzen sowie Umgebungsbelastungen wie Lärm oder unzureichende Beleuchtung und eine schlechte Zusammenarbeit zwischen den Dezernaten. Die Arbeitsfähigkeit ist allgemein als mäßig einzustufen. Ziel aller Maßnahmen sollte dementsprechend sein, die Arbeitsfähigkeit zu verbessern. Die Unterstützung von Vorgesetzten ist mit einem Gesamtwert von 2,7 von maximal 4 Punkten relativ gering, etwas besser fällt die Unterstützung von Kollegen mit einem Wert von 3,1 aus. Hier ist auf jedenfall Handlungsbedarf notwendig, um die Führungskompetenz zu stärken. Die Gefährdungsbeurteilung nach Nohl hat ein signifikantes Risiko von Verletzungen am Arbeitsplatz ergeben, daher ist eine Reduzierung des Risikos unbedingt erforderlich. Mit einem Nohl-Wert von 3,1 und 2,9 haben die Dezernate 2 und 3 das höchste Sicherheits- und Gesundheitsrisiko der Stadtverwaltung Wubberberg.

2 Ableitung von Handlungsschwerpunkten

2.1 Interventionsmaßnahme „Gesundes Führen"

Führungskräfte haben einen erheblichen Einfluss auf die Gesundheit der Beschäftigten. Sie sind dafür verantwortlich, die Arbeitsbedingungen der Mitarbeiter gesundheitsfördernd zu gestalten und nehmen eine Vorbildfunktion ein. Darüber hinaus ist es für Mitarbeiter besonders wichtig, ein gewisses Maß an Unterstützung von Ihren Vorgesetzten zu erhalten. Führungskräfte sollten ansprechbar sein, ein offenes Ohr für Probleme haben und diese gemeinsam mit den Beschäftigten erörtern können. Diese Art von Führung ist entscheidend dafür, ob Mitarbeiter veränderte Anforderungen entweder als Herausforderung sehen oder als Überforderung erleben und diesen Belastungen nicht gerecht werden können. Dauerhafte Belastungen können gesundheitliche Folgen haben. Daher sollte jede Führungskraft die Gesundheit der Mitarbeiter im Alltag berücksichtigen. Hierfür muss die Gesundheitskompetenz der Führungskräfte gestärkt werden und sie sollten durch professionelle Qualifizierung und Unterstützung befähigt werden (Techniker Krankenkasse, 2020). Die Unterstützung der Beschäftigten von Vorgesetzten in der Stadtverwaltung Wubberberg ist leider relativ gering und somit ist hier unbedingt Handlungsbedarf notwendig. Da die Führungskräfte ein unmittelbares Vorbild für die Mitarbeiter sind und

einen direkten Einfluss auf deren Gesundheit haben, hat die Stärkung der Gesundheitskompetenz der Führungskräfte die höchste Priorität.

2.2 Stärkung der Gesundheitskompetenz der Beschäftigten

Das Durchschnittsalter in der Stadtverwaltung Wubberberg beträgt 46,9 Jahre. Besonders
im Dezernat 1 (Durchschnittsalter 51 Jahre) und 2 (Durchschnittsalter 48) liegt eine
Überalterung vor, die mit hohen Krankheitsfällen (Dezernat 1: 11,8%; Dezernat 2:
14,1%) und BEM-Fällen einhergeht. Zudem steigen die psychischen Belastungen aufgrund zunehmender Arbeitsmengen, durch die sich die Mitarbeiter am meisten in ihrem
Arbeitsalltag belastet fühlen. Das Ergebnis der Mitarbeiterbefragung war ein WAI-Index
von 31, dies bedeutet es liegt eine mäßige Arbeitsfähigkeit vor, welche unbedingt verbes-
sert werden sollte. Darüber hinaus empfinden 69% der Beschäftigten ihren Gesundheitszustand allgemein als zufriedenstellend bis schlecht, während nur 29% ihren Gesundheitszustand als gut oder sehr gut beurteilen. Aufgrund dieser Ergebnisse ist dringender
Handlungsbedarf notwenig um die Gesundheitskompetenz der Mitarbeiter zu stärken. Die
Mitarbeiterbefragung dient als Grundlage um gezielt Kompetenzen zu vermitteln bzw.
aufzubauen. Damit die Gesundheitskompetenz der Beschäftigten gestärkt werden kann,
sollten Angebote im Rahmen der betrieblichen Gesundheitsförderung zur Verfügung gestellt werden. Hierbei sollte vorallem auch das Thema Gesundheit als Unternehmenswert
vermittelt werden. Dazu bieten sich Maßnahmen der Verhaltensprävention an, denn diese
beziehen sich unmittelbar auf den einzelnen Menschen und dessen individuelles Gesundheitsverhalten. Das Ziel dabei ist, Risikofaktoren durch Fehl- oder Mangelernährung, Be-
wegungsmangel, Rauchen und übermäßigen Alkoholkonsum zur reduzieren (Bundesministerium für Gesundheit, 2019). Der zweite wichtigste Handlungsschwerpunkt ist daher
die Einführung von Maßnahmen zur Verhaltensprävention.

2.3 Gesundheitsfördernde Gestaltung des Arbeitsplatzes

Die Ergebnisse der Arbeitsplatzanalyse ergaben ein signifikantes Risiko von Verletzungen am Arbeitsplatz. Hier ist unbedingt eine Reduzierung des Risikos erforderlich. Mit
einem Nohl-Wert von 3,1 und 2,9 haben die Dezernate 2 und 3 das höchste Sicherheits-
und Gesundheitsrisiko der Stadtverwaltung Wubberberg. Diese beiden Dezernate wurden
aufgrund von maroder Gebäudebereiche übergangsweise in Ersatzgebäude verlegt, hier

bemängeln die Beschäftigten jedoch eine hohe Lärmbelästigung sowie fehlende ergonomische Lösungen (keine höhenverstellbaren Tische und eine unzureichende Beleuchtung). Zu den Top Belastungsquellen am Arbeitsplatz zählen in der gesamten Stadtverwaltung eine zu große Arbeitsmenge, ständiges Sitzen sowie Umgebungsbelastungen wie
Lärm oder unzureichende Beleuchtung und eine schlechte Zusammenarbeit zwischen den
Dezernaten. Aufgrund dieser Ergebnisse sollte der dritte Handlungsansatz eine gesundheitsfördernde Gestaltung des Arbeitsplatzes sein.

3 Erstellung einer Interventionsplanung zur Vorlage bei der Geschäftsleitung

Die Luxemburger Deklaration zur betrieblichen Gesundheitsförderung in der Europäischen Union beschreibt vier Erfolgsfaktoren, welche für die Durchführung eines betrieb-
lichen Gesundheitsmanagements entscheidend sind. Darunter fällt die Einbeziehung aller
Mitarbeiter in den BGM-Prozess (Partizipation), die Verankerung des Themas Gesundheit in allen Unternehmensbereichen (Integration), der systematische Ablauf des BGM
(Projektmanagement) sowie die Kombination von verhaltens- und verhältnisorientierten
Maßnahmen und der Verbindung risikoreduzierender mit ressourcenstärkenden Ansätzen
(Ganzheitlichkeit). Für die Umsetzung eines erfolgreichen BGM ist eine Kombination
von verhaltenspräventiven Maßnahmen (Betrachtung der individuellen Gesundheit) und
verhältnispräventiven Maßnahmen (Betrachtung der Arbeitsplatzgestaltung und des Führungsverhalten) notwendig (Europäisches Netzwerk für Gesundheitsförderung, 2007,
S.4). In der Praxis sind jedoch verhaltens- und verhältnispräventive Maßnahmen nicht
immer strikt voneinander zu trennen, sondern bedingen sich oftmals gegenseitig (Ulrich,
2005, zitiert nach Morsch, 2020, S. 127).

3.1 Initiale Interventionsmaßnahmen

3.1.1 Interventionsmaßnahme „Gesundes Führen"

In der Stadtverwaltung Wubberberg ergeben sich mehrere Interventionsmaßnahmen, die
der Unternehmensleitung vorgeschlagen werden könnten. Nachfolgend wird anhand des

primären Handlungsschwerpunktes „Stärkung der Gesundheitskompetenz der Führungskräfte" beispielhaft eine Interventionsmaßnahme durchgeführt.

Ein wichtiger Einflussfaktor auf die Gesundheit und Leistungsfähigkeit der Beschäftigten ist ein gesundheitsförderliches und mitarbeiterorientiertes Führungsverhalten: Der Erfolg ist abhängig von der Motivation und Zufriedenheit der Beschäftigten. Dies wird zukünftig in der Stadtverwaltung Wubberberg umso bedeutsamer, da die Führungskräfte vor der Herausforderung stehen, dass Beschäftigte aufgrund des demografischen Wandels und der Erhöhung des Renteneintrittsalters länger im Erwerbsleben stehen und durchschnittlich immer älter sein werden. Das Durchschnittsalter von momentan 46,9 Jahren wird daher weiter steigen und somit auch der Krankenstand und das Unfallgeschehen der Stadtverwaltung. Durch den Erhalt und die Förderung der Gesundheit der Mitarbeiter kann ein möglichst gesundes und langes Verbleiben im Arbeitsleben unterstützt werden. Um die Einflussmöglichkeiten der Führungskräfte effektiv nutzen zu können, empfiehlt es sich, deren Aufgaben etwas genauer zu betrachten.

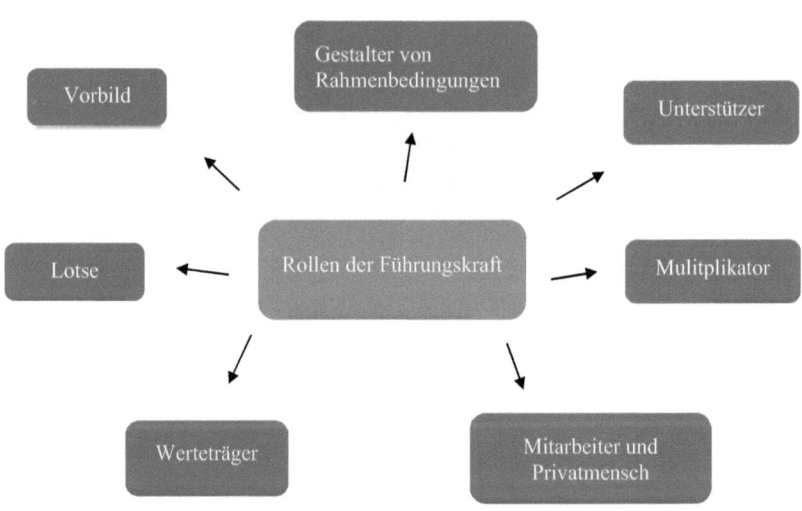

Abb. 5: Rollen der Führungskraft im Thema Gesundheit (eigene Darstellung)

Führungskräfte nehmen eine Vorbildfunktion ein: Mitarbeiter orientieren sich an deren Verhalten. Daher sollten Führungskräfte so handeln, wie sie es von anderen erwarten. In ihrer Führungsarbeit gestalten sie Rahmenbedingungen durch Vorgaben bzw. Regelungen. Führungskräfte sind häufig als Unterstützer und Förderer für die Beschäftigten tätig. Diese Arbeit kann wesentliche Felder der persönlichen Entwicklung des Beschäftigten unterstützen und somit auf die Zufriedenheit, Motivation und Gesundheit wirken. Führungskräfte sind auch Multiplikatoren, das bedeutet sie nutzen ihr eigenes erlerntes Wissen und geben es an andere weiter. Eine gute Konstitution und ein persönliches Wohlbefinden der Führungskraft ist die Basis für eine erfolgreiche Führungsarbeit. Nur eine gesunde, leistungsfähige und motivierte Führungskraft kann auch gute Führungsarbeit leisten. Führungskräfte sind dafür verantwortlich, die Grundlagen der Unternehmenskultur zu transportieren und zu leben. Darüber hinaus dienen sie als Lotse und sind die Schnittstelle zu anderen Abteilungen. Bei Problemen leiten sie die Anfrage ihrer Mitarbeiter an andere Fachabteilungen weiter und bilden die erste Ansprechperson.

Um den Krankenstand, die BEM-Fälle sowie die mangelnde Unterstützung der Vorgesetzten besonders in den Dezernaten 1 und 2 zu senken, die psychischen Belastungen einzudämmen sowie den Gesundheitszustand und die Zufriedenheit der Mitarbeiter zu verbessern, wurde das Projekt „Gesund Führen" ins Leben gerufen. Durch verpflichtende Fortbildungen für Führungskräfte sollen folgende Zielsetzungen erreicht werden:

- die Bedeutung von Gesundheit für die Führungskräfte selbst herausstellen
- Führungskräfte zur Förderung und Unterstützung der Gesundheit und Gesundheitskompetenz von Beschäftigten im Rahmen ihrer Führungsaufgabe sensibilisieren
- Führungskräfte über potenzielle Einflussmöglichkeiten im Rahmen unterschiedlicher Aufgaben und Rollen informieren
- notwendige Grundlagenkenntnisse und erste Instrumente bereitstellen und
- das Thema „Gesundheit" nachhaltig als Unternehmenswert leben

Die Zielgruppe dieser Intervention sind alle Führungskräfte der Stadtverwaltung Wubberberg mit einem besonderen Augenmerk auf die Dezernate 1 und 2. Um die oben genannten Ziele zu erreichen, wurde ein umfassendes Konzept für die Führungskräfte entwickelt: Verschiedene Fortbildungsmaßnahmen und Workshops, an deren Teilnahme die Führungskräfte verpflichtet sind, sollen die Gesundheitskompetenz der Führungskräfte stärken. Diese Fortbildungen sollen zu Beginn einmal wöchentlich stattfinden um die wesentlichen Grundlagen zum Thema „Gesundes Führen" in den Köpfen der Führungskräfte zu etablieren. Nach einer Dauer von sechs Monaten soll sich das Intervall auf alle zwei Wochen erhöhen und nach einer Laufzeit von einem Jahr sollen die Fortbildungen dauerthaft -jeweils einmal pro Monat- stattfinden. Die Fortbildungen sind so gestaltet, dass die Führungskräfte nicht nur zuhören, sondern selbst aktiv werden und das jeweilige Thema für sich und ihre Abteilung erarbeiten. Die Workshops teilen sich wie folgt auf:

- Grundlagen zur Gesundheit am Arbeitsplatz
- Bedeutung und Rollen der Führungskraft
- Selbstreflexion
- Hintergrundwissen zu folgenden gesundheitlich relevanten Themen:
  - o Muskel-Skelett-Erkrankungen
  - o Psychische Belastungen am Arbeitsplatz
  - o Ernährung
  - o Sucht
- Einflussnahme als Führungskraft auf die Beschäftigten
- Gestaltung der innerbetrieblichen Gesundheitskommunikation
- Instrumente des betrieblichen Gesundheitsmanagements
- Gestaltung von gesundheitsfördernden Rahmenbedingungen an Arbeitsplätzen

Kurzfristig (im Rahmen der ersten sechs Monate) sollen die Grundlagen zur Gesundheit am Arbeitsplatz den Führungskräften vermittelt werden und somit deren Gesundheitskompetenz gestärkt werden. Anschließend sollen die Führungskräfte mittelfristig (1-3 Jahre) die Gesundheitskompetenz der Beschäftigten stärken, auf deren Gesundheitsverhalten einwirken und einen gesundheitsfreundlichen Arbeitsplatz gestalten (Verhältnis). Konkret sollen die Führungskräfte dazu die Mitarbeiter motivieren und sie vor krankmachenden Einflüssen am Arbeitsplatz schützen, Arbeitsabläufe effektiv organisieren, Mitarbeiter befähigen mit Stress umzugehen, eine vertrauensvolle, freundliche, offene Kommunikation auf Augenhöhe ermöglichen, die Gesundheit der Mitarbeiter im Blick behalten und objektive Konfliktlösungen ermöglichen. Langfrisitg (3-5 Jahre) soll die Beschäftigungsfähigkeit der Mitarbeiter erhalten bleiben.

3.1.2 Interventionsmaßnahme „Stärkung der Gesundheitskompetenz der Beschäftigten"

Die zunehmende Flexibilisierung von Arbeitsaufgaben und die Auswirkungen des demografischen Wandels, machen es erforderlich, dass die Belegschaft, besonders auch diejenigen jenseits der Lebensmitte, bei zunehmend komplexeren Arbeitsanforderungen, darin unterstützt werden, gesund, agil und leistungsfähig zu bleiben. Daher gilt es die Beschäftigten zu einem eigenverantwortlichen, gesundheitsbewussten Verhalten zu stärken. Aufgrund der Ergebnisse der Mitarbeiterbefragung wird die Interventionsmaßnahme „zentrale Fortbildungsangebote Gesundheit" eingeführt, um die Gesundheitskompetenz der Mitarbeiter zu stärken und deren Gesundheitsverhalten positiv zu beeinflussen (Zielsetzung). Die Zielgruppe dieses Projekts sind alle Beschäftigten der Stadtverwaltung Wubberberg. Um die Attraktivität dieses Projekts zu steigern, haben die Beschäftigten darüber hinaus die Möglichkeit an den Forbildungen während ihrer Arbeitszeit teilzunehmen. Die Kosten werden zentral über das BGM finanziert. Die Fortbildungsangebote teilen sich wie folgt auf:

1) Stressbewältigung und Entspannung
2) Bewegung (inkl. Ausgabe Schrittzähler)
3) Umgang mit Suchtgefährdung und -erkrankung
4) Lebensbalance
5) Persönliche Gesundheits- und Ernährungsberatung
6) Arbeitsplatzgestaltung
7) Gesundheits- CheckUp

Um den Wissenstransfer bestmöglich zu garantieren, finden die Fortbildungsangebote 1 bis 4 in Kleingruppen statt, mit einer maximalen Anzahl von zehn Personen. Hier kann trotz einer vermehrten Teilnehmeranzahl der individuelle Austausch stattfinden und auf Fragen der Teilnehmer eingegangen werden. Auch hier wird wie bei den Fortbildungangeboten für die Führungskräfte auf die selbstständige Bearbeitung des jeweiligen Themas wertgelegt, um es bestmöglich für sich selbst in den Arbeitsalltag integrieren zu können. Über diese Angebote hinaus haben die Mitarbeiter die Möglichkeit, eine Gesundheits- oder Ernährungsberatung wahrzunehmen, welche durch eine persönliche Einzelberatung à 90 Minuten noch stärker das Individuum in den Mittelpunkt stellt. Die Mitarbeiter können eine Beratung mit einem Experten aus unterschiedlichen gesundheitsrelevanten Themenbereichen in Anspruch nehmen. Sie dient sie als frühzeitige, personenbezogene Unterstützung bei der Entwicklung von Gesundheitskompetenz im Sinne einer Sensibilisierung sowie Akzeptanz- und Ressourcenstärkung. Auf diese Weise sollen die Beschäftigten zu langfristigen Verhaltensänderungen motiviert und befähigt werden. Besteht über die Einzelberatung hinaus weiterer Beratungsbedarf, kann eine entsprechende Weitervermittlung erfolgen. Das BGM der Stadt Wubberberg arbeitet mit Psychologen, Sporttherapeuten und Ernährungsberatern zusammen, die in Abhängigkeit vom gewünschten Themenschwerpunkt der Beratung vermittelt werden können. Im Rahmen des Fortbildungsangebots „Arbeitsplatzgestaltung" können sich mehrere Beschäftigte eines Büros oder einer Abteilung anmelden, welche Bürotätigkeiten ausführen und ihren Alltag überwiegend im Sitzen verbringen. Um die gesundheitsfördernde Arbeitsplatzgestaltung umzusetzen, erfolgt die Beratung der Teilnehmer durch einen Sport- oder Physiotherapeuten. Dieser wird den Mitarbeitern die richtige Rückenhaltung im Bürostuhl zeigen, den richtigen Abstand vom Sitzplatz zum Desktop sowie einfache Lockerungsübungen, die auch am Arbeitsplatz erfolgen können und die Muskulatur leicht trainieren. Darüber hinaus werden Gesundheit-CheckUps für Beschäftigte angeboten, die vom Betriebsarzt durchgeführt werden sollen. Hier soll der Blutdruck, das Gewicht und die Größe gemessen werden und ein großes Blutbild gemacht werden. Anschließend wird der BMI ausgerechnet und den Mitarbeitern bei Bedarf jeweils ein Fortbildungsprogramm empfohlen. Zusätzlich können auch noch individuelle Anliegen der Mitarbeiter besprochen werden. Jeder Mitarbieter hat einmal im Jahr die Möglichkeit diesen Geundheits-CheckUp wahrzunehmen, inklusive Folgetermin zur Besprechung der Laborwerte. Diese Maßnahmen zielen darauf ab, neben den oben genannten verhaltenspräventiven Ansätzen, gleichzeitig gesunde Arbeitsverhältnisse zu schaffen.

Das Projekt „zentrale Fortbildungsangebote Gesundheit" soll über eine Zeitdauer von zwei Jahren stattfinden. Danach soll eine weitere Mitarbeiterbefragung durchgeführt werden, um die ersten Ergebnisse zu analysieren. Bei Bedarf sollen nach der Mitarbeiterbefragung die Fortbildungsangebote angepasst werden, um gezielter den Anforderungen der Beschäftigten nachzugehen.

3.2 Projekt- und Ressourcenplanung

3.2.1 Zuständigkeiten

Die beiden Projekte „Gesundes Führen" und „Zentrale Fortbildungsangebote Gesundheit" beginnen im Mai 2021. Die Bekanntgabe der Projekte erfolt durch den Oberbürgermeister. Hier werden zugleich die Führungskräfte und Beschäftigten für die Projekte und deren Teilnahme sensibilisiert. Die Pilotprojekte werden von einem externen Anbieter geleitet und durchgeführt, welcher auch die Gesundheitsexperten wie Betriebsarzt, Physio- bzw. Sporttherapeut, Psychologen und Ernährungscoach zur Verfügung stellt. Alle Maßnahmen müssen jedoch vom Arbeitskreis Gesundheit freigegeben werden, welcher die Weichen und das weitere Vorgehen der Projekte beschließt. Im Arbeitskreis Gesundheit sitzt der Oberbürgermeister, Vertreter des Fachbereichs Personal sowie des Arbeitsschutzes, der Betriebsrat sowie der externe BGM-Dienstleister. Dieser Arbeitskreis kommt in regelmäßig stattfindenden Gesundheitszirkeln zusammen, um den jeweiligen Status Quo der Projekte und das weitere Vorgehen zu besprechen.

3.2.2 Budget

Für die Budgetierung der beiden Projekte im Rahmen des betrieblichen Gesundheitsmanagements spielen verschiedene Posten eine Rolle. Die Gesamtsumme ergibt sich dabei aus den Kosten, die für die geplanten Maßnahmen entstehen, für den laufenden Betrieb der beiden Projekte (Bereitstellung von Räumlichkeiten, Materialien, die Bezahlung des externen Anbieters) sowie den Freistellungskosten für die Mitarbeiter. Auch die Anzahl der beauftragten Personen muss in Form von Personalkosten einkalkuliert werden. Bei der Budgetierung der Projekte sollte darauf geachtet werden, dass eine langfristige Kalkulation zu Grunde liegt, um die Nachhaltigkeit und Kontinuität zu garantieren. Zu Beginn der Maßnahmen ist es sinnvoller ein monatliches Budget zu planen und dies je nach Entwicklung der Maßnahmen stetig anzupassen als im Vorhinein sofort ein Jahresbudget festzulegen, ohne die ersten Erfolge der Projekte zu kennen. Den Kosten der BGM-Maßnahmen sollten immer die Ersparnisse durch die Reduzierung des Krankenstandes gegenüber gestellt werden, um den Nutzen der Maßnahmen zu beurteilen. Folgende Kennzahlen sollten bei der Planung des Budgets daher immer im Blick gehalten werden: Durchschnittliche Lohnkosten pro Jahr, Entgeltfortzahlung pro Jahr, prozentualer Krankenstand, Fluktuationsrate sowie die Kosten der BGM-Projekte. Darüber hinaus sollte auch die finanzielle Unterstützung der Krankenkassen in Anspruch genommen werden, welche laut SGB V §20/20a gesetzlich dazu verpflichtet sind, gesundheitsförderliche Maßnahmen in Unternehmen zu fördern. Maßnahmen im Rahmen des betrieblichen Gesundheitsmanagements lassen sich zudem laut § 3 Nr. 34 EStG steuerlich absetzen. So gibt es einen steuerlichen Freibetrag von 600 € pro Jahr und Mitarbeiter, der für Maßnahmen der betrieblichen Gesundheitsförderung genutzt werden kann. Zudem bietet sich auch an, die Freigrenze für Sachbezüge auszunutzen. Diese liegt bei 44 Euro pro Monat und Mitarbeiter. Der ökonomische Nutzen von BGM-Projekten lässt sich im Return on Investment ausdrücken. Der durchschnittlichen ROI liegt hier bei 1:5,56 (N = 25) (Chapman, 2012).

3.2.3 Gliederung des Projektes

Die Bedarfsbestimmung in der Stadtverwaltung Wubberberg ist bereits erfolgt, welche auf eine Verbesserung der Krankenstände sowie eine Lösung zur Bewältigung des demografischen Wandels abzielt. Hier sollte bereits ein Arbeitskreis Gesundheit stattgefunden haben. Die Analye der Fragebögen dauerte insgesamt zwei Wochen, sodass der Arbeitskreis Gesundheit Ende April 2021 erneut tagen konnte und ab Mai 2021 mit den Maßnahmen gestartet werden soll. Die Fortbildungen für Führungskräfte im Rahmen des Projektes „Gesundes Führen" sollen zu Beginn sehr engmaschig durchgeführt werden um die wesentlichen Grundlagen zum Thema „Gesundes Führen" in den Köpfen der Führungskräfte zu etablieren. Nach einer Dauer von sechs Monaten soll sich das Intervall auf alle zwei Wochen erhöhen und nach einer Laufzeit von einem Jahr sollen die Fortbildungen dauerthaft jeweils einmal pro Monat stattfinden. Die Maßnahmen zum Projekt „zentrale Fortbildungsangebote Gesundheit" sind auf freiwilliger Basis, jedoch besteht die Möglichkeit diese während der Arbeitszeit durchzuführen, um die Teilnehmerquote zu steigern. Diese Maßnahmen sollen bereits während ihrer Durchführung regelmäßig durch Feedbackbögen evaluiert werden. Nach den ersten sechs Monaten soll eine erneute Mitarbeiterbefragung durchgeführt werden und expliziet Verbesserungsvorschläge angesprochen werden. Die Evaluation der Projekte erfolgt nach der Auswertung der zweiten Mitarbeiterbefragung im November 2021.

Projektplan 2021

AKTIVITÄT	ZEITRÄUME						
	Januar	Februar	März	April	Mai	Juni	Juli
Bedarfsbestimmung							
Analyse							
Kozeption Befragung		EDL					
Fehlzeitenstatistik			EDL				
Mitarbeiterbefragung			EDL				
Gefährungsanalyse			EDL, SiFA				
Interventionsplanung							
Datenaufbereitung				EDL			
Interventionsplanung				EDL			
Vorstellung im 2. AKG				EDL, OB, SiFA, BA			
Intervention							
Anschaffung Hilfsmittel					finanzielle Mittel		
Einführung; Schulung					SiFA, EDL		
Umsetzung							
Evaluation							

Abkürzungen:	
BA	Betriebsarzt
EDL	Externer Dienstleister
OB	Oberbürgermeister
SiFA	Fachkraft für Arbeitssicherheit

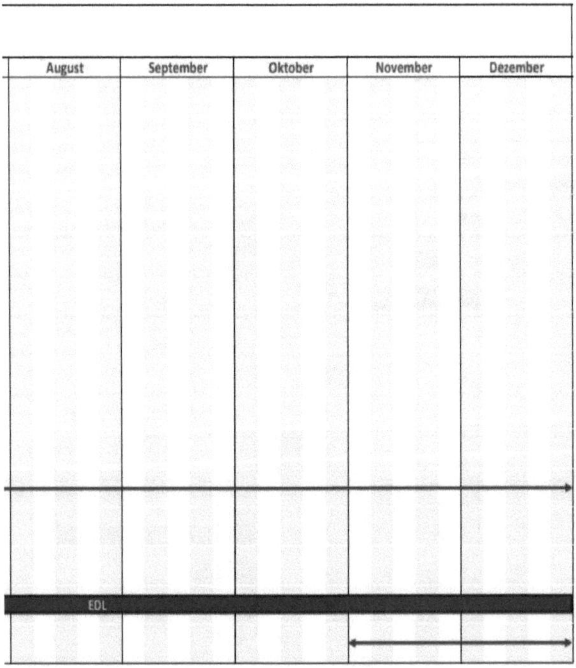

August	September	Oktober	November	Dezember
		EDL		

Abb. 6: Projektplan der BGM-Maßnahmen (eigene Darstellung)

4 Diskussion und Probleme der Evaluation

4.1 Möglichkeiten zur Evaluation

Eine Evaluation kann zu verschiedenen Zeitpunkten erfolgen. Sie kann vor Beginn der Maßnahmen stattfinden, um die Ausgangssituation zu prüfen (Strukturevaluation) aber auch während der Maßnahme stattfinden (Prozessevaluation). Hier kann steuernd eingegriffen werden um die Maßnahme in die richtige Richtung zu lenken. Darüber hinaus kann die Evaluation auch nach Beendigung der Maßnahme stattfinden zur systematischen Bewertung (Ergebnisevaluation) (Morsch, 2020, S. 210).

Wie bereits unter 3.2.2 beschrieben, ist der Return on Investment eine geeignete Möglichkeit um die BGM-Maßnahmen zu evaluieren. Hier wird das Kosten-Nutzen-Verhältnis betrachtet, indem die Aufwendungen für die Durchführung der Projekte den Ersparnissen durch einen geringeren Krankenstand, BEM-Fälle oder Unfallgeschehen gegenüber gestellt werden. Auch die Prä-Post-Messung wie beispielsweise Mitarbeiterbefragungen ist ein geeignetes Messinstrument zur Evaluation der Projekte bei der Stadtverwaltung Wubberberg. Während der Durchführung der Maßnahmen sollen regelmäßig Feedbackbögen an die Teilnehmer gesendet werden um bei gravierenden Vorkommnissen direkt eingreifen zu können. Jedoch soll die Prä-Post-Messung nicht nur innerhalb der Durchführung der Projekte stattfinden, sondern auch nach deren Abschluss, indem erneut eine umfassende Mitarbeiterbefragung für alle Beschäftigten der Stadtverwaltung durchgeführt wird und diese mit der ersten Befragung (vor Beginn der Projekte) verglichen wird.

4.2 Probleme im Zusammenhang mit der Evaluation

Die Messung von Gesundheitsmaßnahmen stellt sich generell als schwierig heraus. Gesundheit in monetäre Zahlen zu überführen ist ein gegenwärtiges Problem. Störfaktoren hierbei kann beispielsweise eine eintretende Grippewelle oder ein neuartig auftretender Coronavirus sein. Plötzlich sind vermehrt Mitarbeiter krank, was aber nicht auf die Qualität der BGM-Maßnahme zurückzuführen ist, sondern auf die eben genannten Umwelteinflüsse. Neben den in 3.2.2 genannten Kennzahlen zur Messung des Nutzen der BGM-Maßnahmen muss auch berücksichtigt werden, dass die Arbeitgeberattraktivität der Stadtverwaltung steigt. Durch die BGM-Angebote überlegen sich evtl. Mitarbeiter, die mit dem Gedanken gespielt hatten zu kündigen da sie mit ihrer Arbeit unzufrieden waren, nun doch zu bleiben. Darüber hinaus kann die Stadtverwaltung auch vermehrt Bewerbungen erhalten, aufgrund der BGM-Maßnahmen. Diese Tatsachen sind in der Evaluation der BGM-Maßnahmen beispielsweise auch schwer abzubilden.

5   Literaturverzeichnis

Bundesministerium für Gesundheit (2019). Betriebliche Gesundheitsförderung. Zugriff am 26.10.2020. Verfügbar unter https://www.bundesgesundheitsministerium.de/themen/praevention/betriebliche-gesundheitsfoerderung/umsetzung.html

Chapman, L. S. (2012). *Meta-Evaluation of Worksite Health Promotion Economic Return Studies: 2012 Update.* American Journal of Health Promotion, 26(4), TAHP-1 – TAHP-12. doi:10.4278/ajhp.26.4.thap. Zugriff am 30.10.2020. Verfügbar unter https://journals.sagepub.com/doi/10.4278/ajhp.26.4.tahp

Europäisches Netzwerk für Gesundheitsförderung (2007). *Luxemburger Deklaration zur betrieblichen Gesundheitsförderung in der Europäischen Union.* Zugriff am 14.10.2020. Verfügbar unter https://bg-elim.de/files/bg_elim/pdf/Luxemburger_Deklaration.pdf

Hans-Böckler-Stiftung (2013). *Arbeitsbedingungen und Belastungen im öffentlichen Dienst: Ein Überblick zum Forschungsstand und Forschungsbedarf.* Arbeitspapier Nr. 290. Düsseldorf.

Haufe Online Redaktion (2018). *Mitarbeiterfluktuation in Deutschland.* Zugriff am 14.10.2020. Verfügbar unter https://www.haufe.de/personal/hr-management/fluktuation-wechselbereitschaft-der-arbeitnehmersteigt_80_193940.html#:~:text=Fluktuationsrate%20im%20Branchenvergleich&text=Quartal%202016%20bis%202.,vor%20auf%20die%20Ewigkeit%20an gelegt

Morsch, A. (2020). *Studienbrief Betriebliches Gesundheitsmanagement II.* Deutsche Hochschule für Prävention und Gesundheitsmanagement, Saarbrücken.

Techniker Krankenkasse (2019). *Gesundheitsreport 2019 – Arbeitsunfähigkeiten.* Zugriff am 13.10.2020. Verfügbar unter https://www.tk.de/resource/blob/2060908/b719879a6b6ca54c1f2ec600985fb616/ges undheitsreport-au-2019-data.pdf

Techniker Krankenkasse (2020). *Gesundes Führen.* Zugriff am 20.10.2020. Verfügbar unter https://www.tk.de/firmenkunden/service/gesund-arbeiten/betriebliche-gesundheitsfoerderung/fuehrung-im-wandel-gesundes-fuehren-2035464

6 Abbildungs- und Tabellenverzeichnis

6.1 Abbildungsverzeichnis

BEI GRIN MACHT SICH IHR
WISSEN BEZAHLT

- Wir veröffentlichen Ihre Hausarbeit,
  Bachelor- und Masterarbeit

- Ihr eigenes eBook und Buch -
  weltweit in allen wichtigen Shops

- Verdienen Sie an jedem Verkauf

Jetzt bei www.GRIN.com hochladen
und kostenlos publizieren